Casa en el agua

IRINA GARBATZKY

Casa en el agua

bokeh ✳

© Irina Garbatzky, 2016

© Fotografía de cubierta: W Pérez Cino, 2016

© Bokeh, 2016

Leiden, NEDERLAND
www.bokehpress.com

ISBN 978-94-91515-65-1

Huesitos

I.
Quedarse sola

Antes de dormir pienso en alguien.
Hago esto desde que recuerdo,
y la operación se parece a la plegaria,
pero no lo es
y aunque a veces tumbo la cabeza y me duermo,
esa persona siempre regresa.

Mi abuelo pensaba que sólo la música clásica
era música.

Ahora se me extiende ese recuerdo
una novela
que comienza con mi padre pidiéndome disculpas.

En el piano que robábamos
con él, con su hermano y con mis primos
lográbamos que en una pieza de Liszt
sonara *A hard day's night.*

Nadábamos sobre tu espalda
y el agua era una gelatina radiante.
Una milésima de segundo
en el ahogo
de hacer como hacen las amebas

Ingrávidas, nosotras
y vos, abriendo los brazos
hacia abajo,
al fondo
luego al frente

Esa imagen

Ricardo,
el hermano de mi padre, es un pianista
que no es pianista
trabajó como agente de turismo durante cuarenta años
en París.
Habla español como un francés.
Vivió triste y ahora, a los 65,
tiene una novia
de 64
llamada Rivka
a quien le regala rosas
y con quien va a la sinagoga.

Ni la abundancia de quesos
o la cara de piedra en la que veo a mi abuelo alcanzan
para enseñarme las cuentas
que él hizo cuando llegó
sin saber hablar.

a veces,
una pareja de sillas.
como ahora,
donde veo
dos personas mirando el cielo
ponerse de color ceniza.

el río vibra
y de a poco la gente se va del parque.
no sé de qué hablan

y no sé de qué hablaríamos nosotros
si no tuviéramos que hablar.

Quedarse sola

Hoy descubrí una canción de Harrison que no conocía.
Nunca la había escuchado.
La escuela de mi padre terminó en el 69, después tuve que
  recorrer a destiempo el trabajo solista de los cuatro.
Cuando me quise acordar, mi papá creía de nuevo que sólo
  Lizst hacía música, se quedaba dormido sobre el río Kwai,
  escuchando una radio parecida al meridiano.

No soy el cowboy que vuelve al pueblo y encuentra a su
  esposa.
Ni la dueña de un secreto que transformará al doble agente.
No sé por qué lloro en los aeropuertos, pero pienso que la
  felicidad se parece a los recuerdos
y que los recuerdos no tienen poder
sobre su resonancia.

Como si no tuviéramos que hablar. Como si estuviéramos
    bailando,
y nuestra casa fuera el lugar. Un escenario,
un espacio suficiente.
La primera vez que bailé
percibí esa distancia.
Las luces y la gente
estaban en otra parte.

A veces camino callada,
y espero que entiendas.

a Juan y Mariana

«Tengo miedo que me deje
por una chica peronista»,
les batí,
y, como en una avanzada sesión de análisis, Juan me inte-
    rrumpió:
«ahí tenés el título
de la novela».
Ahora pienso
pero Juan, ¿qué escuchó?
Mariana y yo, sentadas, con una bolsita de recuerdos de París
tickets de Metro,
programas de museos,
mapas de ciudad,
postales,
entre papelito y papelito por ahí agarrábamos uno que decía:
    diez euros,
siete con cincuenta.
«mirá, ésta es la cafetera de Balzac…»
«la tetera de Rimbaud…»
Entre uno y otro, les hablé
de un nuevo amor de mi amor.
Fue una risa, pero me imaginé exactamente
el auto atravesando
la periferia de Rosario,
mi amor sentado junto a ella,

con su olor a pucho y varias novedades
de unos pibes que laburan en la municipalidad de no sé
    dónde,
de los sinsabores de la provincia,
de las cosas que encontraron al finalizar los comicios elec-
    torales.
Hay amor en esa escena, estoy segura,
aunque llegue a mi mente como una imagen del cable,
y Villa Gobernador Gálvez se vea como un barrio yanqui
    residencial,
y Mariana y yo aparezcamos después del corte,
recolectando figuritas
hablando de las ninfas y de ese museo con paredes redon-
    deadas
que ansío conocer.
Juan arma su pipa, prende el televisor,
y se ríe.
Si redoblo la apuesta mirando el reloj,
contando el tiempo para la pizza,
se ríen los dos, un poco más tiernamente
porque dicen que lo que yo me imagino no puede ser.

Tal vez cuando el amor se va,
se vuelva imaginario.

Huesitos

sentada en la fila del médico
me toco los huesitos
reconozco a mamá en alguno de ellos
en la pelvis, como un triángulo, tirada
suelta en el tapizado
en las muñecas pequeñitas
en la cara
no me faltan carnes
pero aparece mamá
en los huesos de mi cara
en la fila del médico me vi de afuera
y me veo de afuera cada vez
que veo una foto mía
sobras
en mis huesos soy mamá,
y yo soy lo que sobra.
un chico me dice «qué linda»
lo dice por una foto que me sacó otro chico
en la que estoy con los ojos bajos
mirando algo
la forma de mis ojos es de un largo,
más de una vez me hablaron en oriental
pero la forma de mis ojos es de Rusia
de una abuela de mi abuelo
el padre de mamá
yo no tengo error pero tampoco tengo forma.
tal vez bautice cada parte de tu cuerpo,

y establezca filiaciones
por ahora en cada cuerpo veo una sombra
como una apariencia deformada
unas ubres que se estiran
o unas rodillas que dan flores
si mi cuerpo fuera madera lo usarías como carreta para el patio
colocarías en el centro una ruda macho
que difumine tu olor.
me veo flaquita,
no soy yo, es mamá
la veo cómo se me sienta en las caderas
cómo ensancha mis costillas cuando tomo aire o cuando
    voy a nadar
en el color del pelo, en la nariz
no soy flaquita
siento muy fuerte que mi cuerpo está a punto de ser usado
como si desear fuera que alguien me pellizque a gran escala
un muslo y otro muslo o mis tetas
y se quede con todas mis partes.
viste que sí
no se cierra la cabeza si no podés mirarte
pero tu imagen de vos sí se cierra
en un molde de fiebre
todo de vos
Marosa escribía la fábula de sus tetas y el lobo
yo no soñé con el lobo, soñé con vos, un niño
nos agarrábamos y nos mordíamos delante de nuestros
    parientes
en una cama en una bolsa de dormir en un campamento
era un reencuentro con un hermano inexistente
los tobillos de papá, la nariz de mamá, los pómulos de mamá

los ojos de mamá, las tetas de mamá, las orejas de papá
el médico me habló de glándulas
y los ovarios tienen forma de almendras
¿alguna vez agarraste una almendra?
tiene el tamaño de una semilla y tal vez ocupa un centro
¿no cerraste tu mano durante un tiempo?
¿no dejaste a la almendra húmeda,
con arruguitas?
en el teléfono a larga distancia
rebota mi voz
es horrible
es como si escuchara una caricatura
aguda, pitilla, mocosa
debo tener una voz
pero la voz que me imagino no es la que digo
ni la que se escucha si queda grabada
o sea, no.
tampoco tengo una voz.
una compulsión para decir, no es lo mismo que tener una vibra.
compulsivamente excito mi voz
por dentro,
hacia fuera,
pero lo único
que tengo de mi cuerpo
son modificaciones.

II.

Hay que tener cuidado con las cosas

En el río

Me da pánico lo que suene a ambigüedad,
la única vía es creer
que el río me habla.
Estaba con un amigo y nos peleamos
dejamos que pase
vino un perro
y dejamos que pase
el día,
la tarde.
Algo me dijo que había que sortearlo.
Gisela cantaba bajando
su vocecita de la barranca de lo alto.
Más lejos vimos una torre.
Una vez me trepé a esa torre.
Omití el detalle,
me da vergüenza decir lo que pienso, pensé
qué novedad,
ir nadando hasta lo ambiguo.

El futuro

El futuro es una palabra mágica
que se repite en abismo.
Siempre es distinta
es bien aburrida
pero no hay manera de invocarla que no sea mirándola.

M

podemos quedarnos mirando el cielo
imantados
por el calor de un sol celeste

te espero
con las piernas y los brazos formando una estrella

ya no quiero abrazarte o cuidarte como a un hijo
quedarme en la tierra como si fuera una cama un colchón
algo tibio

en el fondo, con una fuerza que no alcanzo a describir
como algo pegajoso y divertido
me encuentro con el hueco de lo dulce
una caramelera que no tenía
mi abuela, porque no quería
darme de comer.

Trato de hacer cosas que me devuelvan a mí
al momento en que hundía las manos en la maceta
y fabulaba con lagartijas.
Veo crecer con fuerza arrolladora las semillas que traje de los
    viajes
campanas

ninguna de ellas sin sentido, pero brillan

Después
caen cinco murciélagos del taparrollos
tengo las piernas como una nena de seis, llenas de marcas.

Son días que cobran la fuerza de la ilusión.

El póster de Tarsila

El polvo que guardaste en las cajitas de ojos plásticos huele
    a esmeraldas
y el póster de Tarsila como pintadas con Faber Castell
olham pra mim.
No lo sentí. Me miré
a cada segundo en una habitación distinta con un acolchado
    naranja
es que sí,
no estoy enamorada, tengo la lengua de los lagartos
y camino enredada entre mi bailarina y mi bailarina.
Digo que lo que escribo es de verdad.
Escucho a María Bethania y reconozco el toque de Oxossí,
me resulta extraño haberlo aprendido. Me imagino
comunicándolo,
la primera vez que jugué a la maestra fue con mi mamá
mamá era la aprendiz
era una mañana fresca.

Sólo me imagino donde no estoy.
Vuelve a ser presente algo del río
se restablece a un kilómetro:
luces que no funcionan,
un eucaliptos dice que escoja
las palmeras como el *posto nove*
podría tirarlas como conchitas al aire,
no les queda mucho tiempo
antes de que la rotonda se pierda
y yo me escape.

Hoy los objetos no son nuestro fuerte.
Por eso percibo
cómo se escribirá el fin:
con un rayo láser.
La única forma que tengo
es escribirlo.
Los hombres ya no trazan ese límite.
Esta noche estamos
yo
mi rayo
y dos chicos entrando a un departamento
en el sueño donde los robos se repiten.

Guía

un aro de un par
una hebilla para el pelo
un vencimiento
un stick que dice «buscar pregunta y silencio»
un disco de Lavih
debería ordenar
mi caos, a veces siento
que es una guía
nueva
de la aleatoriedad
aunque a veces también pueda ser
mi
casi
ta

Lo real

¿es esto
lo real?
el sol me quema los oídos
y una nieve
se esparce por encima de mi cara
me despierto a la noche gritando
porque mis amigos me derraman una bolsa de sal
en el sueño
en la nuca
dónde está
:
:

mi abuela se va en una camioneta llena de otras bolsas

III.
Misterios naturales

Una gata

La toma de la piel del cuello y la sube a su falda,
la sostiene tiesa en su momento de ardor.
Se permite percibir
un olisqueo
la tibieza que precede al despertarse
cuando abre los ojos y la encuentra observando:
la presencia distante que necesita.

Misterios naturales

Los animales no saben,
e interceptan
con las patas
mariposas sin peso,
les quitan todos sus pelillos
hasta que no pueden volar.

Vamos a Liliput

Cien mil personas van en danza, mi hermano, los párpados
   se me vuelan
afuera hace frío pero aquí calenté mi pectoral
y prendí todas las velas que tenía en el claustro
para pedirle
como cien veces y como van,
bichos
que caminaban por mi paso, eran mugre
pero eran cien personas girando sus velones sobre el cielorraso,
les pedí,
me acuerdo de haberme sentado con vos en la terraza
el día más caluroso de enero y que entre nosotros no había aire
no pasaba.

Cientos de miles o tal vez sólo cien
arremetían con sus velas por una calzada de color
creo que me los imaginé, mi hermano,
danzaban
yo
y las moscas
conteníamos la fuerza necesaria como para abrir paso
y no pasaban,
tu reflejo me miró, era un hombre encapuchado
el señor de las encrucijadas
colocado como un saquito de té, en una esquina
¿invitando a beber o a danzar?
¿qué cosa?

¿un té repleto de marismas?
me daban ganas de vomitar
apenas si me acuerdo de un momento
en el cual mi torso subía y bajaba, por donde
toda tu memoria era un caballo
tuve miedo de caerme.

Inventé un remanso,
inmensa selva de sol y placer
qué alegría, ahora vine justo a pedirte de boca
todas las imágenes que tengo están hartas:
vírgenes de mis uñas gritan con ojos descocados,
los dedos de mis pies se enraízan en el parquet,
de a poco voy volviéndome una planta
las piernas como tallos, los brazos como ellos
ahuyentan los silbidos, dan cuerpo,
se trata de que vos te atormentes
tal vez no te demores nada en treparme
y llegues por mí al reino de los liliputienses.

Hermano, qué vas a decir si conociste Liliput,
te sentaste frente a la puerta del Sol,
¡salud!
a tu merced
te imagino verde, con sogas en las fosas nasales,
el día en que llegaron a destino estiraron las cosas, las telas,
    los bichos que
atravesaban la luz,
hay bichos que nacen de la linterna, sobre todo en el país de
    los enanos,

nadie sabe que el correr del agua era ínfimo
en comparación con el ruido que hacía el aire,
cómo vas a decir si pisaste tierra,
en un país como Liliput hay que tener cuidado con las cosas.

me siento
mínima
en el costado, del mar,
veo como un pájaro
te siento así,
a veces,
pintado
como un paisaje
en Liliput.
Soy enana
me transformé y ahora entro en tu cajita
puedo comerme los hilos que guardaste
no sé,
si fuera una liliputiense sería la princesita enamorada
que intercambió la mano por el dedo.

Llegamos a Liliput
éramos cuatro,
la tez morena, ultravioleta,
me fasciné
con ellos,
tenían un reloj que parecía una máquina del tiempo,
cada vez que la abrían emitía un sonido atronador
el aliento que exhalaban me volaba la pollera
a veces pienso cómo hubiera sido si hubiéramos ido al desierto
donde todo es recto

ocre
maravilla
si estuviéramos en la selva
si nos llovieran esas rositas de los árboles
como cuando caía la tormenta del trópico y yo corría
con un paragüitas y en ojotas
¡olha!
cien mil personas gritando
¡vayan para allá!
¡vayan para acá!
pero estábamos en Liliput
todo era un engaño
las rosas eran del tamaño de nuestras rosas en Liliput,

no había melones ni nada enorme

vimos
medio
oriente
y medio
occidente
para bailar cortamos los dedos de una mediay su talón
en un supermercado de una ciudad a setenta y cinco mil
    kilómetros de distancia
caminamos caminamos
nos desbaratamos casi sin arrullo en el mar
me reía
en la calzada de color
vi un concurso de surfers y vos me dijiste que los beach boys
    cantaban sobre eso

y yo te mencioné que mi tío me regaló un cassette de los
    beach boys,
y al día siguiente en la playa de Liliput encontramos una
    revista que narraba las vicisitudes
de la vida del surfer
y la de muchos que morían
yo no quiero saber, soltaste, de los peligros,

hermano,
éramos doscientos los que nos subimos
íbamos en un barco que ponía cumbia a todos
tipos casi en bolas
que movían la pelvis, sus mujeres
los festejaban, les sacaban fotos con el celular.

Lo que no me enseñó mi madre

Lo que no me enseñó mi madre

1.

Cuando las muchachas crecen
aprenden a mirarse a sí mismas
como si detrás del espejo
no hubiera nadie.

2.

Cuando las niñas se hacen grandes
se contemplan ante los témpanos de hielo
como si detrás de esos témpanos
se contemplaran a sí mismas.

3.

Cuando era niña
mi madre
me enseñó el concepto de amistad:
ser amiga de otra niña
que tampoco tuviera madre.

4.

Cuando era un poco más niña
tuve una amiga que era madre.
Ella estaba preocupada
por la menudencia de su niña.

5.

Cuando era niña
mi madre
no me enseñó
a enamorarme
o a planchar
a cocinar o a escribir.
Pero me enseñó a leer y a dibujar.

6.

Cuando era niña mi madre me enseñó a leer.
Me leyó muchos libros,
me recitó poemas de memoria.

7.

Cuando fui grande aprendí
lo que mi madre no me enseñó.

8.

Dejé de ser madre el día que aprendí
los límites de lo enseñable.

9.

Un día vino mi madre y le expliqué
que no podía enseñarme todo.

Un día vino mi madre y le expliqué
que no podía decir todo
en poesía.

10.

Cuando las niñas son niñas
imaginan princesas y laberintos.
Cuando las niñas son madres
se alojan en sus casas
con voz de autoridad.

11.

Cuando dejé de ser grande
decidí llamar a mis amigas
poner mucha comida en la mesa
y jugar a ver quién se quedaba en la casa.

12.

Cuando fui grande
me vacié los ojos
me quedé días enteros preguntándole
a mis amigos si era melancólica.
Me quedé escuchando el latido de mi gata
y preguntándole si era melancólica.

13.

Cuando la mujer fue grande
se sentó a esperar.

14.

Cuando dejé de ser grande
desarmé una casa
desarmé otra casa

y desarmé otra casa
y me senté al lado de un hombre.

Algunas hijas les tejen la espera a sus madres
llegaste tarde del after office
les reclaman
las ven llegar de madrugada
y les lavan los platos de sorpresa
o les hacen un pedido piadoso
para que se queden.

Porque puede pasar que una madre se vaya,
en ese caso la hija aprende por su cuenta.

Aunque también podría pasar que no fuera un solo caso
que hubiera generaciones desmadradas
una ciudad entera de la cual las madres partan,
cantando, haciendo sus valijas.
Sacudiendo como Scarlett el guantecito
a su sirvienta:
adiós, querida mía, me voy a conocer el mundo,
me voy a mirar el mar,
volveré cuando sea una ancianita.

Hay pueblos de donde las madres parten y hay hijas que se
    quedan
viajando por adentro de la casa.

Tengo 35 años y sé
que puedo escribir en cualquier parte.
Que cuando no puedo leer
es porque las palabras se vuelven
solas
(las escucho, pero no sé
lo que dicen).

Sé que quiero tener un hijo
y que necesito silencio
para saber.

Ronda

Ahí está mi mamá.
A la derecha de la foto. Parece
que estuviera cantando. Tiene la mirada
sobre mí. Tiene
las manos
entrelazadas,
el gesto
de su alegría es total
de su niñez
porque a veces las madres siguen siendo
un poco niñas
como pasa
acá
en que mi madre parece niña mientras su niña se queda
en su madre
que es mi abuela, la que me abraza y mira a la cámara.

Así nosotras tres, y mi viejo
en el reflejo que no miramos.

it always comes as a surprise

Si llegara de nuevo a tu casa
y desde la vereda escuchara la música
y te encontrara bailando
con electrónica curiosidad,
sería como una sorpresa o un sueño

no sé lo que querés
y no puedo dártelo
el amor está abierto a su doble negativa
lo que no hay cuando se resta se vuelve suma
y vida sencilla

se puede bailar con quietud
concentrados en un gesto
como lo hace el funky cuando mueve al mundo
con apenas un dedo
se puede bailar con melancolía
girando por el lugar.

La melancolía
es el lado b de nuestros días enérgicos.

Tengo una amiga que recorre el mundo.
Sus postales son viajes para mí.
Point Reyes National Seashore.
Es una playa agreste.
La enmarqué.
Es una ventana para mí.
Una vez yo viajaba.
Pero ahora sólo quisiera ir al lugar donde pueda pronunciar:
Seashore

Intervalos

Pediría
que el vacío
(ese espacio de carencias)
me conmueva.

me sostenga entre sus párpados
me desafíe

        —aquí
el intervalo de una plaza
tiene su peso específico.

(Rosario, 1998)

Cuando uno guarda un secreto el mundo se ensancha.
También puede equivocarse en la escondida.
Pero ¿qué tiempo se ahorra el niño que se aparta?

anoche te vi leer
cuando apenas nos acostamos.
te daba el velador
y acomodabas tu cuerpo a esa luz
¿para qué te cuento si ya lo sabés?
¿lo sabrás?
yo te escuchaba mientras te reías
y te preguntaba, ¿qué parte? ¿en dónde estás?

me dio un poco de risa, también
que reserves las respuestas

y me dormí agradecida
de esa intimidad.

La vida de Taube

Fotos de la India y de los abuelos que crecieron.
La casa está quietísima y no sé
si estaré permitiendo que vuele alguna cosa.

Me gustaría saber qué se cumplió,
si la ronda de desconocidos leyendo poesía
o la vida que salía a comer un manjar.

Ese verano me lo pasé mirando imágenes,
amigos en el pasto,
perros codificando la región.

Tenía miedo de saber que estaba triste,
aunque supiera cómo hacer para charlar
y para regar las plantas.

Ya sé cómo regar las plantas.
Nos enseñaste durante varios días,
a pelar las papas y a colgar remeras.

Hablamos del amor
lo perseguimos en el método
para poner el pollo al horno,
para elegir el pan,
cerrar la puerta
o barrer.

La vida era una clase de danza rigurosa.
Tenía reglas, exigencias y detalles.

Miraba fotos de la India
y me desvivía por saber lo que soñaban los otros
como si fueran artistas
y expusieran sus sueños en tapices

¿por qué los sueños no eran
su continuada ensoñación
durante el día?

La vida de Taube

Cierro los ojos para dormir. Taube me huele, y apoya el hocico sobre mi hombro. Como si en otra vida hubiéramos sido de la misma especie.

Me siento a escribir. Taube me da órdenes.

Desayunamos. Taube maúlla frente al picaporte.

Una mañana le abrimos. Nos olvidamos que salió y marchamos. Taube bajó hasta el tercer piso y con la patita golpeó una puerta. Los chicos que vivían ahí le abrieron. Ella entró.

Entró como si fuera una invitada y siguió de largo. Se escondió en el balcón, entre otras macetas. Fueron unas vacaciones de casa.

Cuando la chica del quinto piso lo deja suelto, el gato Murilo sube hasta el octavo. Desde allí la llama a Taube.

En verano, salen las lagartijas. Taube mira el techo del balcón. Se pregunta: «¿cuándo bajarán?». Las quiere cazar, pero una pata le baila.

En invierno, se enciende la estufa. Taube se bambolea hacia los costados, hasta que en un instante queda rígida, con las patas de arriba para un lado y la cabeza quebrada.

Si traemos una planta, se la come. Si tiene espinas, mejor.

Cuando ve a Murilo, lo asusta. Le saca los dientes. Hace el ruido del aire frío que recorre tu espalda.

En la terraza, Murilo se acerca. Me roza las rodillas, me lanza sus ojos verdes y me dice: «Llevame con Taube».

Me pongo a enumerar, siento su murmullo. Le pregunto qué sucederá con el mundo, cuando el mundo pase. Pero la trato con delicadeza. Para Taube soy inexistente: calor, abrazo, mano para morder, territorio. Un mundo rutinario.

Cuando el viento o la lluvia me despiertan, Taube sube desde los pies de la cama. Nos cuida de lo que soñamos.

Diario de la demolición

Sentada no lo veo, pero si me pongo de pie alcanzo a ver un
    sillón de mimbre
blanco con el respaldo curvo
en el piso.
Si pudiera, lo rescataría.

¿Son dos departamentos o sólo uno?
Ése era visible, porque tenía el balcón cerrado y era un buen
    ejemplo para un estudio.
En un momento tuvo las paredes pintadas de verde
después alguien se mudó y lo volvió al blanco.
«Ahí debe vivir una fotógrafa», pensé.
Ese verano la luz se había cortado
y el edificio de enfrente se veía con nitidez.

La primera casa destruida que miré también fue desde el balcón.

Ocupaba el espacio del estacionamiento del supermercado.

Como faltaba la pared trasera se podía adivinar una casa de muñecas de tamaño natural.

¿Qué podría entrar en un diario que comenzara sobre la demolición? Casi escribo «reconstrucción».

La noche que dormí, después de enterarme que S. había muerto, soñé con M. Había soñado con ella antes de la última sesión, y ahora regresaba como sueño cortado. M. estaba en una peluquería o en un camarín, con espejos y flores. Yo entraba y me atendía su secretaria. Uno de los espejos era de esos desplegables, con varios paños móviles. Cuando salió, me reclamaba: «vinieron los de la televisión». «No te preocupes», le respondía yo.

S. hubiera podido descubrir cosas muy graciosas en el sueño. Creo que hasta cuando yo misma me desperté, con la espalda agitada por la angustia, pude captarlas. ¿Qué era ese escenario lleno de flores estampadas? ¿Y qué significaban los espejos desplegados, del sueño que había contado la vez anterior? Había algo muy bello y también muy chistoso. Y sin embargo era muy triste que esas flores que el sueño traía, junto con la muerte se fueran de nuevo al fondo del fondo, como en ese poema en que Tamara habla del inodoro que lleva, con su ruido, hacia otras casas.

En un bombardeo, en una guerra, en un hospital, un tío de mi madre se miró al espejo y descubrió que su pelo estaba íntegramente blanco.

Soñé que tenía el pelo blanco. Soñé con un espejo abierto, con un empapelado de flores y una mujer maquillándose. Me desperté llorando, me vi los huesos de la espalda, como ramas agitadas por la lluvia. Leí *La interpretación de los sueños*. Soñé que interpretaba. Me imaginé todo un día que me los analizaba. Me hice preguntas, me anoté secuencias y asociaciones.

Me hice preguntas. Quise saber si había echado al pozo en una conjunción mítica una imagen con otra imagen. Y aprendí a revertir el tiempo: cómo sentir caduco el presente, dejar que lo deshagas. Así es la fuerza de lo que se paga.

Las ruinas no tienen el color de la nieve, ni el color de las canas. Otro tío, en el patio de mi abuela, me daba una bolsa una vez por semana para que yo le recortara de su cabeza los pelos que no servían. Juntaba una bolsa de pelo blanco y la cambiaba por caramelos para mí, con unos duendes a quienes parece que la cosa les resultaba bastante útil.

La diferencia sería la capacidad de escribir.

«De la sobra a la obra».

Así era.

¿Y por qué hablo de ella?

«Habla, habla, habla, habla», un verso de Drummond, le leí a mi abuela mientras esperábamos que nos asignaran un box en el sanatorio.

Le conté que estaba traduciendo y me puse feliz porque lo que ocupaba nuestra charla era lo más precioso que teníamos entre nosotras.

Me desperté
en una habitación bombardeada,
en una cama que encontré
me miré al espejo y vi
que mi pelo estaba blanco
y que en un piso con ascensores y vidrios rotos
me abrazaba una mujer.

Barbotina, ¿hace cuánto que no escuchás esa palabra? Tanto, que tal vez no sepas si realmente era así. Ahora que la decís, sabés que viene del francés, y te imaginás a un pintor con babero, salpicando con colores un lienzo de frente a un jardín; un embalse, un puente con flores. La barbotina es la mezcla de arcilla y agua que sirve para pegar las piezas de cerámica. Marta preparaba un pote de vidrio, medio acuoso, y con un palito iba revolviendo. Tenía un horno en su taller. Pasábamos tardes largas. Ahuecábamos las esculturas para que no exploten cuando se cocinaban.

Anoche soñé con Olivia. Estaba en una ciudad en ruinas. ¿Era en el norte, en Salta? Las calles, de un color marrón, blanco tiza. Una vez estuve en unas cavernas que desprendían un polvo idéntico a la tiza, nos pintábamos la cara de blanco. Caminaba y charlaba con Olivia, mucho rato, hasta que en algún momento ella desaparecía.

Cuando pregunté, alguien me dijo que Olivia no estaba, que nunca había estado, y que yo me la pasaba charlando con fantasmas.

Muchos años de mi adolescencia los pasé haciendo cerámica. Ahora el recuerdo se me vuelve un lugar común. Una mano enorme abarcaba el cuerpo de una mujer y apretaba el índice sobre su cuello. ¿Qué pensaba mi mamá cuando yo llegaba a casa con semejante barrabasada?

Estaba orgullosa y exponía la pieza en el living, como yo ahora expongo mis pesadillas.

«Me voy a morir si no me das un beso...!»

Soñé que estábamos en un bolichito de la calle Sarandí, que en la puerta tenía unos vidrios coloreados. Habíamos llegado con lluvia y la parte vieja de la ciudad parecía más gris que en los cuentos que la usan como paisaje. Y como hacía mucho frío, y era verano, y no teníamos nada que hacer porque estaba todo cerrado, dejamos que pasara el día mirando el mar. ¿Nos conocíamos? No.

Para ser fiel, debería escribir ahora, que mi abuela se está muriendo. Ahora que se están yendo las fuerzas... ahora que estoy sentada, pero que apenas puedo abrir los ojos... me acuerdo de un tío que venía del campo. Usaba unos pantalones que eran bombachas y nos compraba helados. Había venido de Rusia.

Lo que escribo me suena impostado. ¿Qué estoy queriendo hacer? ¿Retratar a mi abuela ahora que se está muriendo, ahora que se está muriendo? Ayer Daniel la grabó por el celular, sentada en la cama, con su vaso azul, mirando el televisor. Las colchas verdes, la pared rosada y la luz amarilla hacían que parezca un cuadro de Hopper. Le dije: parece un cuadro.

Escribí:

Cuando mi abuela se muera
las palmeras moradas del patio
van a ser una imagen.

Los gatos planean una revolución. Vuelan por la casa. Es su momento. Son las siete del sábado y hay gorriones que se quejan del temporal. No sé si salir o hacer silencio. No sé si la voracidad de Grete frente a los pájaros la puede tirar por la ventana. Tengo proyectos para escribir que no cumplo. Un libro sobre las flores de Bach. Por qué recurro silenciosamente a supersticiones. White Chestnut corroe la distracción. Me interesa el crecimiento y en momentos de mucha felicidad me levanto temprano y me acerco a las plantas. La mañana del temporal, la que me senté a escribir, me levanté, caminé hasta el culantrillo, controlé que siguieran vivas unas hojas nuevas y como de papel. Debo protegerlo del sol, pero también de los gatos. El culantrillo es una variedad del helecho, lo aprendí traduciendo del portugués. Mi propia abuela se estaba muriendo y yo la acompañaba al sanatorio y en la sala de espera le preguntaba por los nombres de las plantas, por sus equivalencias.

Cuando mi abuela se muera
las palmeras moradas del patio
van a ser una imagen.
Retiraremos su ropa y sus fotos
para hacer congeniar un perfil
con otro.
Esta pera,
este mantel rosado,
esta taza y ese jarrón
van a entrar en el área de lo vivo,
y nada de lo que hagamos podrá hacer
que vuelvan a ser
lo que son.

Movimientos Imposibles

el poema que
recuerde
un espacio.
La contorsión de su aliento.

adoptar el espacio
situarlo
torcerlo
doblarlo
embocaduras
desembocaduras
múltiples
orificios
del poema

la contorsión de su aliento
vierte el curso
de un poema inservible.

torsión,
murmuras
cada palabra que dices
posee el centro de gravedad
de su movimiento
cada sonido
abre
con cuidado
tu mejilla
repasa
el trayecto de tu sombra
cae.
su gravedad agita el movimiento
como una señal interminable.

.........un

péndulo:

danzan

mis labios

bisílabos

la imagen:
　　el fuego
　　　　　.. ....gi… ta ....,
　　　.....y ...s ub.. ...
　　　.im..... m ... .
　　　... l as.... ....m ....
　　　.... .... encinta...
　　en las fauces
　　　　　del agua

mi torso es un trompo gris
sostiene la noche y mi palabra
murmura
los muslos sucios
la boca sucia
toda la noche
sostiene

un niño ruge entre los árboles
zumban sus ojos
silba
tuerce el tiempo
su boca es un trompo estirado hacia el borde.

bebimos el amanecer
niño
la luz pálida del mediodía

abrimos una estera de mimbre
tu lengua brillaba

habló de las gotas
las cercas
los bichos

niño
escuchaste
el maullido
había en el patio la musa de azaleas

curaste la inmensidad
con unas notas secas y amarillas
?

Este es un movimiento imposible.
su silencio es imposible.

Toda mujer es milenaria
todo
el aire del tiempo
entre sus brazos
todo el aire tras de sí
todo el aire y los brazos
las piernas alzadas hacia el tiempo.

una mujer milenaria
se extingue ahora
arrulla el tiempo entre sus brazos
brilla
toda mujer es milenaria

inunda su voz en el tiempo de sus brazos
de su cuerpo
pulsa
arrebata los sexos y los cambia
se sumerge

el escondite negro
lo propone el agua.

Voy a soplar en tus ojos,
se volverán de barro
cantarán la fatiga
de los predestinadores
desde hoy serás un pájaro blanco
 vivirás en los bosques
hallarás
un movimiento
un velo, una cintura arqueándose
desde hoy
has sido barro
has sido aceite
atravesaré tus manos:
insultarás al tiempo
y a las noches de gestación
y si vuelves
te convertirás en sal
como la otra estatua

Casa en el agua

Que nade en su colchón
que llueva
su sudor de sabanitas
que dibuje de gritos, de silbidos
que agite sus ojos y lengua
que agite sus ojos y lengua
que el miedo lo devuelva
lo desvista
de almohadas y de verde
que lo arrastre hasta el baño
que lo arañe la bondad del agua
hasta que golpee los vidrios del dormir
y que haya algo de agujas
que llore despacito
que se disuelva.

Cada ráfaga apunta sobre mí, me devuelve una pregunta.
Todos abren sus persianas para que se ablande el infierno,
tu cara es tan horrible que tengo que imaginármela.
El fuego en una casa. La música altísima.

Abro los dedos.
Soñé con caricias, camas cálidas, altillos.

Lugares donde descansar.
Pero en el mar,
una carpa.

Te imaginaba sentado, viéndola desperdigarse.
Cada ola podría pegarte con una furia desaprensiva
y toda la naturaleza no tenerte piedad.

Detrás de cada cara de bien hay una oferta.
Yo no puedo saberlo,
me gustaba surfear por tu superficie.
Tal vez este verano no haya más que piedras.

Cada fantasma es una plaga,
se cuelga como murciélago, pájaro,
lagarto.

Este verano caerá granizo
me sentaré en esa playa a esperar

a que salgas volando
y te vea planear sobre las aguas.

Andrajo de poros

Soy porciones,
andrajo de poros
que sabe que no puede vaciarse
Debajo de mis uñas se revuelcan microbios,
se mudan y tropiezan
detrás de los párpados
los surtidores de lágrimas no dicen.
Me rearmo constantemente,
un dedo rasga el encaje de la espalda en tiritas
me pierdo en el empedrado de sangre
(dónde sólo camino,
dónde cerrojo de piernas)
hasta que la piel
consigue salvarse del desollar continuo.
La tinta me surca, me humedece,
me feroz carnea.

Cangrejos

Ahora en lugar de capas rojas sólo hay aves. Apéndices de aves.

Es una playa que se adentra en el mar varios metros.

Allí me contaminó el mar con su espíritu blanco.

Y era blanco porque el pueblo era blanco como las aves. El mar en el desierto, todo mezclado, era tan blanco como las aves, a lo mejor gris.

¡Un cangrejo! Grité alzando las manos.

Nunca vi uno igual. Nunca vi uno.

«Está muerto».

El cementerio no era un cementerio de aves.

Sus miembros rosados estaban dispersos por la playa.

Los traía el mar y los dejaba al costado como huesitos de pollo.

Yo no me quería meter en ese mar lleno de cangrejos y llegamos a otra playa en donde los nenes jugaban con tablas de surf. El sol seguía sin verse, entonces entré.

La alfombra mágica

Un parque de diversiones abierto las veinticuatro horas
permite
que podamos entrar a la mañana temprano
de un día semanal.

Eso pasaba enfrente
cuando eran las once o las diez
y los mosquitos abrían sus fauces matinales

No había más que pasar por el mostrador
subir la escalera y soltarse
sobre una estructura de hierro
de olas
de olas de hierro candente por el sol

entre el momento de salida y el momento de llegada
en esa alfombra mágica
creo que tuve mi primer orgasmo.

Los secretos del verano

anoche tarde
desnuda llegué
a acostarme
en el patio
e inspirar a las macetas

Casa en el agua

La primer mirada
en la noche te hace parecer
un puercoespín.
Ahora llueve.

El bendito súcubo me trepó
las axilas
estaba todo mojado, tenía un olor feo.

Nosotros vamos y volvemos
de
las islas

A mí me encantaría mirar
que un mosquito se te haga la chicharra y no sepas
que es la lluvia su subsistencia.

Palacio

En Santa Fe había un centro
y bien lejos había un río
claro que no nos importó
porque mis primas vivían a un costado de ese río
tenían un palacio con un patio
una hamaca de dos
y una pileta
de cuadraditos celestes
pasto verde
hortensias celestes

El universo metido
frente al río de Santa Fe
que no es el mismo río que éste.

www.ingramcontent.com/pod-product-compliance
Lightning Source LLC
Chambersburg PA
CBHW022012080426
42733CB00007B/576